INVENTAIRE
V16.895

16895

VILLE DE SAINT-ÉTIENNE (LOIRE.)

## QUESTION DES HOUILLES.

# DERNIÈRES PROTESTATIONS

DU CORPS MUNICIPAL DE SAINT-ÉTIENNE

CONTRE

L'INEXÉCUTION DE LA LÉGISLATION DES MINES.

SAINT-ÉTIENNE,
IMPRIMERIE ADMINISTRATIVE ET COMMERCIALE DE THÉOLIER AÎNÉ,
PLACE DE L'HÔTEL-DE-VILLE.

1854.

**QUESTION DES HOUILLES.**

# DERNIÈRES PROTESTATIONS

## DU CORPS MUNICIPAL DE SAINT-ÉTIENNE

*contre*

## L'INEXÉCUTION DE LA LÉGISLATION DES MINES.

**EXTRAIT des Registres des Délibérations du Conseil municipal de la ville de Saint-Etienne.**

L'an mil huit cent cinquante-quatre et le dix mars, les Membres du Conseil municipal de Saint-Etienne se sont réunis, à ce autorisés par lettre de M. le Sous-Préfet, en date du huit courant, sous la présidence de M. QUANTIN, maire.

Etaient présents : MM. DELARUE, FAURE-BELON, BOUGY, *adjoints ;* BERTHON Aimé, BUISSON, CANONIER, CHALARD, COMTE, EPITALON, FLOTARD, HÉRARD, LADEVÈZE, MASCLET, MEYRIEUX-PALLE, NEYRON-DESGRANGES, PAILLON, Jules PALIARD, PARET oncle, PEYRON, POINT, REYMOND Elie, VERNAY-CARON, VIAL et VIGNAT fils.

M. BUISSON remplissant les fonctions de secrétaire.

**Question des Houilles. — Avis sur une Demande en autorisation de maintenir des suppressions ou restrictions de vente au comptant sur diverses Mines.**

## RAPPORT DU MAIRE.

MESSIEURS,

Des arrêtés de M. le Préfet de la Loire, en date des 31 octobre et 12 décembre 1853, disposent que les exploitants de mines du département de la Loire sont tenus de laisser la vente au comptant librement ouverte sur toutes les exploitations, à moins d'une autorisation spéciale. Par suite de ces arrêtés, la Compagnie des mines de la Loire et d'autres concessionnaires demandent l'autorisation de maintenir le refus ou la restriction de la vente au comptant sur 18 exploitations situées dans le voisinage de la ville. Une enquête a été ouverte sur ces demandes et vous aurez à produire votre avis. Mais avant d'appeler votre attention sur ce point, j'ai à vous rendre compte de la situation actuelle de la grave question du monopole des houilles de la Loire, dont vous n'avez pas été autorisés à vous occuper depuis votre délibération du 14 novembre dernier, et qui se lie d'ailleurs intimement à toutes les mesures relatives à la vente des houilles.

Vous savez, Messieurs, qu'à l'aide de ce monopole, la houille vendue pour la consommation locale avait atteint, dès le mois de septembre dernier, des prix qui, depuis, ont été considérablement dépassés, mais qui, déjà, étaient assez exorbitants pour que la masse de nos industries métallurgiques pût y voir une condition de ruine prochaine, et que, devant ce danger, près de deux mille chefs d'usines ou d'ateliers s'étaient déterminés, malgré l'intimidation exercée sur eux par la Compagnie des mines de la Loire, à charger une délégation de se rendre à Paris pour exposer au Gouvernement la situation qui leur était faite, et réclamer des mesures de nature à préserver l'industrie du pays du péril dont elle est menacée.

## I.

Vous savez aussi avec quelle sollicitude l'Empereur avait accueilli ces réclamations : Sa Majesté avait voulu que la question fût débattue devant elle entre les représentants de la Compagnie des mines de la Loire et ceux des consommateurs de houille, et à la suite d'une audience dans laquelle les réclamants avaient complètement justifié leurs plaintes, — en démontrant par d'irrécusables preuves que les dénégations ou assertions opposées par les administrateurs de la Compagnie étaient dénuées de toute vérité, — le Gouvernement avait arrêté, en principe, que la coalition constituée par cette Compagnie ne pouvant être tolérée plus longtemps, les concessions abusivement réunies seraient divisées par groupes, de manière à former un nombre d'entreprises rivales suffisant pour rétablir une concurrrence efficace.

Cette décision avait rendu l'expérience et le courage à nos populations laborieuses : Les chefs d'entreprises se résignaient à subir les conditions ruineuses que leur imposait la Compagnie, dans la pensée que leurs sacrifices ne seraient que temporaires, qu'un acte de justice se préparait, et que les choses allaient se trouver bientôt rétablies dans une situation rapprochée de leur état normal.

C'est avec un pénible sentiment d'inquiétude que je vous annonce, Messieurs, que s'il fallait en croire les bruits répandus dans le public, ces légitimes espérances seraient aujourd'hui sur le point d'être complètement déçues.

MM. les ingénieurs des mines du département avaient été chargés d'étudier la division qu'il convenait d'imposer à la Compagnie. De leur côté, les délégués de l'industrie locale, dans un Mémoire adressé à M. le ministre des travaux publics, proposaient de porter cette division à treize groupes, dont ils indiquaient et motivaient la composition.

Vers le 20 janvier dernier, je fus informé que les propositions de MM. les ingénieurs du département avaient été soumises à l'examen du conseil général des mines, lequel s'était arrêté à l'avis de diviser les possessions de la Compagnie en six groupes. Je jugeai utile de faire connaître, sur cette dernière proposition — que l'on avait renvoyée au comité des travaux publics du conseil d'Etat, — l'avis de la municipalité de Saint-Etienne, et le 24 janvier, j'adressai à M. le ministre des travaux publics et à M. le président du conseil d'Etat, un court Mémoire tendant à établir :

1° Que tous les maux et tous les dangers imputables à la Compagnie des mines de la Loire avaient pour cause la suppression ou du moins l'extrême restriction de la concurrence dans l'exploitation et la vente des houilles ; 2° que pour éviter les effets du monopole, il ne suffirait pas de maintenir dans l'exploitation du bassin houiller un petit nombre d'entreprises rivales, l'expérience des huit dernières années ayant démontré que ces effets avaient été obtenus par la Compagnie, malgré le concours des exploitations dissidentes qui fonctionnaient en même temps, dans des limites à peu près aussi étendues que celles qu'aurait pu comporter l'accaparement complet du bassin ; 3° qu'il fallait, pour obtenir les avantages et les garanties de la concurrence, qu'aucune entreprise ne fût assez puissante pour produire à son gré la rareté, attendu que, dans ce cas, l'identité des intérêts établissait bientôt entr'elle et les autres une coalition expresse ou tacite ; qu'il était d'ailleurs nécessaire que le nombre des exploitations rivales fût en rapport avec l'étendue et l'importance du marché *exclusif* des houilles de la Loire, c'est-à-dire du rayon d'approvisionnement où elles sont sans concurrence possible de la part des houilles des autres bassins français et étrangers ; 4° que cette condition si essentielle n'était peut-être pas remplie fort au-delà du besoin par le nombre des concessions, primitivement isolées et indépendantes, que le Gouvernement lui-même avait jugé devoir constituer ; mais que si l'on ne voulait pas revenir à cette division primitive, la proposition la plus rationnelle me paraissait être celle des délégués de l'industrie locale, portant à 13 le nombre des groupes à former au moyen des 32 concessions coalisées.

Depuis l'envoi de ce Mémoire, je n'ai plus reçu aucune information officielle ; mais des avis transmis de Paris par diverses personnes, des notes insérées dans les journaux de Lyon, et surtout les assertions journellement propagées, tant à Lyon qu'à St-Etienne, par les principaux agents de la Compagnie, tendraient à établir :

1° Qu'avant de statuer sur la proposition de division qui lui était soumise, la section du conseil d'Etat aurait voulu entendre les administrateurs de la Compagnie; qu'elle aurait ensuite exprimé l'avis qu'il serait désirable que la mesure proposée devînt l'objet d'une transaction entre le gouvernement et la Compagnie, une division forcée pouvant être considérée comme une *atteinte portée à la propriété,* et que cette coalition se montrant disposée à consentir à une division de ses possessions en trois ou quatre groupes, le Gouvernement devait accueillir ses propositions à cet égard, sans exiger davantage ;

2° Que les administrateurs de la Compagnie, agissant à Paris sans contradicteurs, seraient parvenus à convaincre un certain nombre de hauts fonctionnaires que les plaintes dirigées contr'elle n'avaient aucun fondement raisonnable ; que loin d'avoir justifié par ses actes aucune réclamation légitime, elle avait, au contraire, rendu d'éminents services au pays; qu'elle n'avait pour adversaires que des hommes sans consistance, et s'appliquant à faire de l'agitation dans le pays sous l'impulsion de tendances anarchiques...

Voilà, Messieurs, ce que colportent les agents de la Compagnie et ce que confirment, en partie, des lettres envoyées de Paris aux délégués de l'industrie locale. Je dois ajouter que, sur le premier bruit de l'admission des administrateurs de la Compagnie à défendre leurs intérêts devant la section du conseil d'Etat, je m'étais empressé de demander que les délégués de l'industrie fussent entendus à leur tour ; ces derniers avaient, en même temps, adressé une demande semblable à M. le président du conseil d'Etat : aucune réponse n'a été reçue.

Quoi qu'il en soit, je dois dire encore que je n'ai, sur ce que je viens de rapporter, aucun renseignement officiel, et nonobstant la concordance de différents témoignages, je me plais à penser que si les bruits répandus ne sont pas absolument sans fondement réel, ils sont au moins fort inexacts; il ne me paraît pas possible que la Compagnie ait pu de nouveau abuser les hommes du Gouvernement, au point de leur faire admettre qu'une coalition dont ils avaient hautement reconnu tous les dangers, il y a peu de mois, et qui constitue, en effet, l'une des combinaisons les plus spoliatrices que le génie de l'agiotage ait jamais enfantées, soit une entreprise légitime, et que les protestations universelles dont cette entreprise est l'objet depuis huit ans, soient inspirées par l'esprit de désordre et d'anarchie.

Comment croire, d'un autre côté, que la section du conseil d'Etat ait pu vouloir entendre la défense des intérêts de la coalition, sans admettre ou provoquer celle des immenses et légitimes intérêts dont cette coalition fait litière ? Ce n'est pas, assurément, sur des questions de légalité que l'on avait à consulter les administrateurs de la Compagnie, et s'il s'agissait de questions de fait, comment pouvait-on attendre la vérité en la demandant à ceux qui étaient le plus intéressés à la dissimuler, alors surtout que l'on ne pouvait ignorer que, dans le débat présidé par l'Empereur, ces mêmes administrateurs, en se faisant convaincre, sur presque tous les points, de mensonge ou d'erreur, avaient donnés de si justes motifs de suspecter leur témoignage ?

Comment expliquer ensuite que la section des travaux publics du conseil d'Etat ait pu s'arrêter à l'avis qu'on lui prête ? En quoi le respect dû à la propriété se trouverait-il atteint par l'obligation imposée à la Compagnie d'avoir à opérer les divisions prescrites par le Gouvernement ?

N'est-il pas évident que l'exécution de cette mesure laisserait intactes entre les mains des actionnaires de la Compagnie toutes les mines, toutes les propriétés qui s'y trouvent, et qu'elle y laisserait même toutes les *fractions de concessions* et toutes les possessions d'anciennes *sociétés anonymes* que la Compagnie a réunies sans autorisation, et en violation flagrante des lois du pays ? Quelle est donc la chose qui se trouverait atteinte par l'obligation de la division? C'est uniquement la communauté d'administration ou de gestion de concesssions de mines qui, d'après les déclarations de tous les organes du Gouvernement, et notamment celles faites à la Chambre des députés par l'ancien ministre des travaux publics, M. Dumont, doivent rester avec le caractère d'isolement, c'est-à-dire, d'indépendance les unes à l'égard des autres, qui leur a été donné dès l'origine par le pouvoir concédant. Le Gouvernement a pu tolérer que deux ou plusieurs mines aient été réunies dans les mêmes mains, tant qu'il n'en résultait pas de grands inconvénients ; mais assurément, dès qu'il a pu reconnaître que l'administration en commun d'un grand nombre de concessions amenait des abus aussi graves que ceux qui sont l'œuvre de la Compagnie des mines de la Loire, il avait le droit et le devoir d'intervenir pour en empêcher la continuation. Ce droit résulte incontestablement, même pour ceux qui supposent que les réunions de concessions ont pu avoir lieu sans autorisation préalable, des dispositions de l'article 49 de la loi du 21 avril 1810. A la vérité, la séparation de l'administration des concessions de mines réunies n'est pas le moyen légal de répression des abus constatés; la loi du 27 avril 1838 fait consister ce moyen dans le retrait des concessions, et assurément, la coalition s'était placée le plus possible dans les conditions de ce retrait; mais par ménagement pour les intérêts qui s'y trouvent engagés, le Gouvernement n'a pas voulu recourir à cette mesure rigoureuse ; il s'est contenté d'arrêter en principe, non pas, comme il en aurait eu le droit, que chacune des concessions réunies serait ramenée à une gestion isolée, indépendante ; mais que les 32 concessions coalisées seraient divisées, pour la gestion, en un certain nombre de groupes en concurrence réelle entre eux. Il espérait affaiblir ainsi la puissance spoliatrice du monopole créé par la coalition et conserver aux consommateurs une partie des garanties de concurrence que le Gouvernement avait voulu leur assurer par la division primitive du bassin. Et c'est dans une mesure empreinte d'une telle modération, d'une aussi excessive indulgence envers la Compagnie, que l'on verrait une atteinte à la propriété de celle-ci ! En vérité, Messieurs, si l'on voulait de bonne foi rechercher quelles sont véritablement les propriétés qui se trouveraient atteintes par les mesures dont il s'agit, quelque atténuation qui pût en résulter comparativement à l'état de choses actuel, on ne saurait manquer de reconnaître que ce sont celles des consommateurs de houille, et surtout celles de ces milliers d'honnêtes entrepreneurs qui sont venus fonder, dans le pays, des usines ou des ateliers, sur la foi du maintien, dans l'exploitation et la vente du combustible minéral, d'une concurrence au moins aussi étendue que le comportait le nombre des concessions formées par le Gouvernement lui-même. Ces utiles travailleurs ne devaient pas prévoir que l'on permettrait à une spéculation, aussi avide que stérile, de les dépouiller de leurs garanties primitives, en réduisant, dans la proportion de moitié ou des deux tiers, la concurrence constituant ces garanties.

On a expliqué la prétendue atteinte à la propriété, par la réduction que la division des possessions de la Compagnie apporterait dans la valeur du gage de ses créanciers : ce serait là un bien pauvre sophisme, s'il est vrai, en effet, qu'il ait été invoqué ; le gage des créanciers de la Compagnie réside dans la valeur réelle des concessions et des ouvrages utiles, qui forment son actif ; mais ils ont dû apprécier la valeur de ces concessions en tenant compte de toutes les conditions légales qui y sont attachées, et ils ne pouvaient la hausser, par exemple, sur le calcul des bénéfices pouvant résulter du monopole, car c'eût été l'établir sur la perpétration d'un délit, et quelque parti que la coalition ait su tirer, en effet, du monopole, elle ne pourrait avouer qu'il lui a servi à élever les prix de la houille bien au-dessus de ceux qu'aurait déterminés la libre concurrence, sans se placer par cet aveu sous le coup de l'application de l'art. 419 du Code pénal. Si, usant d'une exacte justice envers la Compagnie, le Gouvernement lui eût retiré ses concessions, l'intérêt de ses créanciers n'aurait opposé aucun obstacle légal à ce retrait ; à plus forte raison ne peuvent-ils empêcher que l'on mette des bornes à ses exactions en l'obligeant à rétablir une partie de la concurrence qu'elle a supprimée.

J'ai parlé plus haut de l'hypothèse d'après laquelle la réunion de la propriété de 32 concessions dans les mains de la Compagnie, aurait pu s'opérer légalement sans autorisation préalable; or, vous savez que cette hypothèse est ce qu'il y a de plus diamétralement opposé à l'esprit général de notre législation des mines qui, s'il fallait admettre que toutes les mines de la France peuvent, sans autorisation du Gouvernement, être réunies dans une même main, ne serait qu'un vaste assemblage de contradictions et d'absurdités; vous savez aussi que cette hypothèse est repoussée par des jurisconsultes éclairés, notamment par M. Dupin aîné. Mais le Gouvernement lui-même s'est prononcé à cet égard, de la manière la plus expresse et la plus positive, par le décret du 23 octobre 1852. Evidemment ce décret n'est et ne saurait être, en ce qui concerne les réunions de concessions, qu'interprétatif de la législation des mines; il est postérieur à notre Constitution actuelle, qui donne à l'Empereur le droit d'interpréter les lois, mais non pas celui de changer la législation sans le concours du Corps législatif. Lors donc que la Compagnie soutient que ce décret n'atteint pas ses opérations et qu'il ne dispose que pour l'avenir, elle lui attribue une portée qu'il ne saurait avoir, et, en même temps, elle lui dénie sa véritable et unique portée, elle tend à le faire considérer comme nul et non avenu. Mais nous pouvons à bon droit décliner la compétence de la Compagnie pour trancher une telle question, et compter sur la validité du décret comme rappel et interprétation — en ce qui concerne les réunions des mines — de la législation existante. N'y a-t-il pas là un nouveau motif de douter de l'existence d'un avis du conseil d'Etat qui serait un désaveu formel du décret dont il s'agit?

Si cet avis avait, en effet, été exprimé dans le sens indiqué, et qu'il dût faire règle pour les déterminations ultérieures du Gouvernement, il en résulterait que la division des possessions de la Compagnie en trois ou quatre groupes ne pourrait avoir lieu qu'avec son adhésion à elle, et, par conséquent, selon ses propres convenances; il est bien évident que, dans de telles conditions, la Compagnie ne concéderait rien qui pût être préjudiciable à ses intérêts, rien qui pût diminuer son pouvoir, de faire à volonté la rareté des produits et la hausse des prix, et que la nouvelle forme sous laquelle il lui conviendrait d'établir le monopole ne saurait offrir aucune garantie sérieuse aux consommateurs. Nous avons assez de preuves de l'étendue et de la direction de son habileté, pour être convaincus que si l'on s'en remet à elle du soin d'opérer les divisions, elle saura tirer parti de la circonstance de manière à s'assurer le bénéfice d'une consécration légale, en ne faisant, en retour, que des concessions purement illusoires.

S'il arrivait cependant que, nonobstant l'avis imputé à la section du conseil d'Etat, on voulût imposer à la Compagnie des conditions de fractionnement qui ne concorderaient pas absolument avec ses vues et ses convenances, rien ne serait si facile, pour son conseil d'administration, que de faire repousser ces conditions, même après les avoir acceptées ; il lui suffirait d'y opposer le refus de l'assemblée générale des actionnaires ou même de quelques-uns d'entr'eux ; car une division en groupes indépendants des concessions réunies, — si l'on admet que cette division soit facultative pour la Compagnie — est tout à fait en dehors des attributions du conseil d'administration. Elle ne pourrait s'accomplir qu'avec l'adhésion de tous les porteurs d'actions ; en sorte que l'exécution de la volonté du Gouvernement, la réalisation des garanties que l'Empereur avait voulu donner aux populations contre l'oppression pouvant résulter du monopole exercé sur une matière de nécessité première, seraient à la merci d'un actionnaire de la Compagnie ! Encore une fois, il ne me semble pas croyable que le comité du conseil d'Etat ait voulu placer l'Autorité dans une telle situation.

Nous avons surabondamment démontré dans nos délibérations antérieures que, par les abus intolérables auxquels elle s'est livrée, la coalition des mines de la Loire s'est légalement placée dans la dépendance absolue du Gouvernement qui, soit par la voie judiciaire, soit par les moyens administratifs, peut la mettre dans l'alternative d'une répression sévère ou de l'acceptation des conditions qu'il jugera convenable de lui imposer.

Nous avons aussi prouvé surabondamment que le maintien du monopole fondé par la Compagnie, soit sous sa forme actuelle, soit avec une division laissée à sa discrétion, serait la ruine des nombreuses industries que le bas prix du combustible avait appelées dans notre arrondissement. J'ajoute que cette prévision se réalisera d'autant plus sûrement et plus rapidement, qu'il y aura une connexité plus étroite entre les intérêts des exploitants de houille et ceux des propriétaires des grandes voies de transport, car alors tous ces intérêts tendront à favoriser le plus possible l'exportation de la houille hors du bassin ; or, nous savons que, déjà, les mêmes hommes administrent les mines de la Loire, et les chemins de jonction de la Loire au Rhône, et le surplus du réseau Grand-Central.

Si le Gouvernement est convaincu de la sincérité, de la vérité de nos assertions, de la réalité et de la gravité des maux et des dangers que nous lui signalons, nous le prierons de persévérer énergiquement dans l'application du remède qu'il a lui-même choisi, c'est-à-dire dans le rétablissement d'une partie de la concurrence supprimée, au moyen de la division des possessions de la Compagnie en un nombre de groupes aussi grand que possible, et dont l'administration, indépendante pour chaque groupe relativement à tous les autres, serait soumise à des conditions telles que l'on pût être assuré qu'ils se maintiendraient en état de concurrence réelle et active.

Si, au contraire, il était vrai que les dispositions actuelles des hauts fonctionnaires du Gouvernement fussent telles que les représentent les assertions des agents de la Compagnie : que les administrateurs de cette Compagnie obtinssent crédit pour tout ce qu'ils jugent à propos d'avancer; que notre témoignage fût méconnu, notre loyauté mise en doute, nous supplierions le Gouvernement de vouloir bien, en suspendant toute autre décision, ordonner que tous les faits et tous les abus que nous avons imputés à la Compagnie des mines de la Loire fussent l'objet d'une enquête judiciaire.

Tels sont les vœux que je vous propose d'exprimer.

Le Conseil municipal, après délibération, adopte à l'unanimité les conclusions et les développements du Rapport de M. le Maire.

En conséquence, il émet le vœu que, conformément aux déterminations arrêtées en principe ; la Compagnie des mines de la Loire soit contrainte de diviser ses possessions en un nombre de groupes tel, que le rétablissement d'une concurrence efficace soit complètement assuré, et qu'aucune division ne reste assez puissante pour faire à son gré la rareté et le prix des produits.

Dans le cas où la réalité ou la gravité des abus et des dangers signalés par les réclamations des industriels et de la Municipalité seraient l'objet d'un doute pour l'Autorité supérieure, le Conseil supplie le Gouvernement de vouloir bien ordonner la constatation de l'ensemble des faits au moyen d'une enquête judiciaire.

## II.

Après ce vote, Monsieur le Maire poursuit ainsi :

Il me reste, Messieurs, à vous soumettre mes observations sur les demandes en maintien de la suppression ou de la restriction de la vente au comptant sur diverses exploitations.

La Compagnie des mines de la Loire intervient dans ces demandes pour la plupart des exploitations auxquelles elles s'appliquent, puis viennent les concessionnaires de Beaubrun, du Cros, de Montieux, de Reveux et de Janon.

La situation normale et légale, quant à la vente au comptant sur les mines, est que cette vente reste ouverte sur toutes les exploitations ;

ce n'est point aux concessionnaires à faire la part des diverses classes de consommateurs ; ils doivent livrer la houille à qui vient la leur demander sur leurs puits, en offrant le paiement, sans acception de personnes ni tour de faveur ; ils doivent, d'ailleurs, tant que les mines ne sont pas épuisées, être en mesure de fournir à toutes les demandes, car s'ils ne le sont pas, il y a violation flagrante de leur principale obligation légale, qui est de tenir constamment leurs extractions en rapport avec les besoins généraux de la consommation. La Compagnie des mines de la Loire, qui prétend pouvoir porter sa production annuelle à 23 millions de quintaux métriques, et qui actuellement n'en produit guère plus de 10, est inexcusable d'avoir tenu cette production en arrière des demandes, au point d'être obligée d'avouer qu'elle ne peut plus y suffire et que, pour assurer l'exécution de ses marchés ou pourvoir à certains services spéciaux, elle a besoin de supprimer entièrement la vente au comptant sur un grand nombre de ses exploitations. A la vérité, elle voudrait faire croire que, nonobstant cette suppression, la vente au comptant resterait largement servie, et, à cet effet, elle établit dans sa demande que l'extraction quotidienne des exploitations qui lui appartiennent dans le bassin de Saint-Etienne est de 25 mille quintaux métriques, et que cette extraction se répartit comme suit :

18 puits sur lesquels se fait la vente au comptant, ci. 19,500 q. m.

8 puits qui ne vendent pas au comptant, ci. . . 5,500 »

Total. . . . . 25,000 q. m.

Il semble ainsi que les quatre cinquièmes de la production journalière soient affectés à la vente au comptant ; il en est de cette assertion comme de la plupart de celles de la Compagnie : pour trouver la vérité, il faut prendre précisément le contraire. La Compagnie omet de faire remarquer que sur les 18 puits où la vente au comptant n'est pas absolument interdite, une très petite partie de la production seulement est affectée à cette vente. J'ai recueilli à cet égard des renseignements positifs pour trois des puits dont il s'agit, et voici ce qui en résulte :

Le puits *Achille* ne livre à la vente au comptant que le quart de sa production, et c'est le seul ouvert à cette vente dans la concession ;

Le puits des *Flaches* ne livre à la vente au comptant aucune parcelle de son menu sortant ;

Le puits des *Littes* n'affecte à cette vente que moins du quart de son produit quotidien.

J'ai acquis la certitude et je puis affirmer positivement qu'il en est de même de la plupart des exploitations de la Compagnie, et que, sur leur ensemble, elle n'affecte pas à la vente au comptant *le quart* de sa production.

Cela vous explique, Messieurs, comment nos forgeurs, nos usiniers et tous les consommateurs de la localité éprouvent tant de difficultés pour se procurer la houille qui leur est nécessaire. Partout la vente au comptant est excessivement restreinte ou absolument interdite ; les voituriers envoyés par les consommateurs sont souvent renvoyés d'un puits à l'autre et passent quelquefois des journées entières sur les mines sans pouvoir obtenir d'être servis.

Cette situation est véritablement intolérable, et nous ne saurions trop invoquer la sollicitude de M. le Préfet pour y mettre un terme. C'est dans l'espoir d'y remédier que ce magistrat a pris les arrêtés qui prescrivent l'ouverture de la vente au comptant sur toutes les exploitations ; mais la Compagnie proteste contre ces arrêtés, et, en attendant, elle se dispense le plus possible de les exécuter en se servant de prétextes variables, selon le besoin de sa cause. Ainsi, par exemple, l'usine à gaz de Saint-Étienne s'est trouvée plusieurs fois sur le point de suspendre le service de l'éclairage de la ville, faute d'avoir pu s'approvisionner de houille ; sur ses réclamations, la Compagnie des mines a répondu que le puits des *Littes*, où se pourvoyait l'usine à gaz, avait une grande partie de sa production réservée pour des marchés avec Lyon, et que pour la livraison du surplus, les arrêtés du Préfet lui interdisaient toute concession de tours de faveur, même à des établissements publics. A Rive-de-Gier, au contraire, des plaintes ayant été portées sur l'inexécution de livraisons pour des marchés passés avec des Lyonnais, la Compagnie a répondu qu'elle se croyait obligée de servir d'abord des usines locales, avec lesquelles elle n'avait pas de marchés spéciaux, mais qu'elle approvisionnait habituellement.

Dans ses discussions contre les arrêtés du Préfet, la Compagnie tend à soutenir que l'Administration peut l'obliger à extraire, mais qu'une fois la houille hors de la mine, elle en a la libre et absolue disposition, prétention qui ne pourrait être admise sans qu'on lui reconnût la faculté de supprimer entièrement la vente au comptant, et sans enlever toute efficacité à l'obligation d'extraire, puisque les houilles extraites pourraient être emmagasinées par la Compagnie, au moins temporairement, et ne pas mieux pourvoir aux besoins de la consommation que si elles fussent restées dans les mines.

Dans sa requête relative au maintien du refus de cette vente au comptant sur divers puits, la Compagnie demande subsidiairement que sur les puits qui vendent déjà au comptant et sur ceux où l'on croirait devoir établir cette vente, il lui soit réservé le droit de prélever les quantités de charbon nécessaires à l'exécution de ses marchés. Il est clair qu'avec une pareille faculté, elle pourrait interdire à son gré la vente au comptant sur tous les puits où elle le jugerait convenable ; il lui suffirait pour cela d'affecter leur production totale ou presque totale à l'exécution de marchés réels ou fictifs.

Quel intérêt la Compagnie a-t-elle à supprimer ou à restreindre ainsi la vente au comptant ? Bien qu'il y ait souvent difficulté à reconnaître le véritable but de toutes ses manœuvres, je crois pouvoir expliquer celle-ci. Vous savez, Messieurs, avec quelle ardeur la Compagnie s'est efforcée depuis quelque temps d'accaparer le commerce de la houille et de supprimer la concurrence de tous intermédiaires, afin de compléter le monopole qu'elle a créé pour l'exploitation. Les difficultés qu'elle crée pour la vente au comptant sont un moyen d'atteindre ce but, et, d'un autre côté, en rendant les demandes plus vives, plus pressantes dans la localité, elles tendent à produire une disette factice et facilitent ainsi l'augmentation incessante des prix. Vous voyez, Messieurs, que les difficultés dont il s'agit ont un but qui vaut la peine d'être poursuivi.

L'Administration, qui a le droit et le devoir de veiller à ce que les besoins des consommateurs soient satisfaits, ne peut donc pas abandonner à la Compagnie le soin d'y pourvoir comme elle l'entend. Il faut que la vente au comptant soit ouverte sur toutes les exploitations et qu'il ne soit pas facultatif aux concessionnaires de la restreindre au point de l'annuler ou de la rendre illusoire. Les consommateurs seront d'autant mieux et d'autant plus promptement servis qu'ils pourront diviser leurs demandes sur un plus grand nombre d'exploitations. Lorsque la production aura été développée partout comme elle doit l'être, jusqu'au point de se trouver en rapport normal avec la consommation, l'Administration pourra juger de la convenance d'affranchir telle ou telle exploitation, pendant un temps déterminé, de l'obligation de la vente au comptant ; mais jusqu'à ce que cet équilibre ait été rétabli, jusqu'à ce que la pénurie, la disette de houilles produite par les manœuvres de la Compagnie, ait complètement cessé, la vente au comptant devra être ou rester ouverte sur toutes les exploitations.

Tel est, Messieurs, l'avis que je vous propose d'exprimer sur l'ensemble des demandes comprises dans l'enquête.

Le Conseil municipal, adoptant les développements et les conclusions du Rapport qui précède ;

Considérant qu'il appartient essentiellement à l'Autorité administrative de surveiller les livraisons aussi bien que l'extraction de la houille, et de prendre toutes les mesures nécessaires pour assurer le mieux possible la satisfaction des besoins de la consommation ; qu'elle ne pourrait abandonner l'exercice de ce droit sans faire perdre aux intérêts généraux du pays toutes les garanties que la législation des mines a voulu leur réserver ;

Considérant que la vente au comptant, sur toutes les exploitations de mines de houille, est une obligation permanente des concessionnaires ; que si, aux époques où l'offre de ce combustible est abondante relativement aux demandes, l'Administration peut, sans trop d'inconvénients, affranchir temporairement certaines exploitations de ladite obligation, il n'en est pas ainsi à une époque de pénurie, surtout lorsque l'insuffisance de la production est le résultat des manœuvres des concessionnaires ; toute restriction, tout obstacle apporté à la vente sur les mines tendant alors à accroître la pénurie et à exagérer de plus en plus les prix,

Délibère, à l'unanimité, qu'il forme opposition, au nom de la ville, à ce qu'aucune restriction ou suppression de la vente au comptant sur les exploitations de houille du bassin de Saint-Etienne soit autorisée, aussi longtemps que l'équilibre entre la production et la consommation n'aura pas été rétabli assez complètement pour que toutes les demandes de houille puissent être satisfaites sans empêchement ni retard.

Pour copies conformes :

*Le Maire de Saint-Etienne,*

**QUANTIN.**

Saint-Etienne, Imp. Théolier aîné.

# DERNIERS DOCUMENTS

## PRODUITS PAR LA MUNICIPALITÉ DE SAINT-ÉTIENNE

### AU SUJET DU

# MONOPOLE

### établi

## PAR LA COMPAGNIE DES MINES DE LA LOIRE.

---

**EXTRAIT des Registres des Délibérations du Conseil municipal de la ville de Saint-Étienne.**

L'an mil huit cent cinquante-trois et le quatorze octobre, les Membres du Conseil municipal de Saint-Etienne se sont réunis, autorisés à cet effet par décision de M. le Sous-Préfet, en date du 12 courant, sous la présidence de M. QUANTIN, maire.

Etaient présents : MM. DELARUE, FAURE-BELON, BOUGY, *adjoints* ; BERTHON Aimé, BUISSON, CHALARD, COLCOMBET Victor, COMTE, EPITALON fils aîné, FLOTARD, LADEVÈZE, MALESCOURT, MERLLIÉ, MEYRIEUX-PALLE, NEYRON-DESGRANGES, Jules PALIARD, PARET oncle, PEYRON, PHILIP-THIOLLIÈRE, REYMOND Elie, VERNAY-CARON, VIAL et VIGNAT fils.

M. BUISSON remplissant les fonctions de secrétaire.

La Commission, chargée d'examiner la question des houilles, a donné lecture du Rapport suivant :

### MESSIEURS,

Chargés par vous de recueillir et vérifier les faits qui, depuis quelques mois surtout, ont donné lieu à de si vives plaintes contre la Compagnie des mines de la Loire, nous avons dû nous entourer de tous les renseignements qui pouvaient rendre utiles notre mission. Nous avons entendu un grand nombre de consommateurs pris dans tous les genres d'industries ; nous avons entendu des maîtres de forges, des chefs d'ateliers, des ouvriers fabricants dans tous les genres ; nous avons aussi recueilli les témoignages des commissionnaires en charbon, intermédiaires habituels des acheteurs, soit du dehors, soit de la masse de la consommation locale. Nous avons cru devoir en même temps demander à l'Administration certains éclaircissements de faits qui nous paraissaient nécessaires ; enfin, nous avons entendu un des administrateurs délégué de la Compagnie elle-même ; aujourd'hui nous vous apportons le fruit de nos investigations.

Notre dessein n'est point de revenir longuement sur les anciens griefs qui, déjà, ont été signalés par nos prédécesseurs, notamment dans les Rapports et Délibérations des 20 novembre 1849 et 14 novembre 1850. Vous savez quelle était alors la situation : en ce qui touche les mesures générales d'exploitation prises par la Compagnie, le Conseil municipal de 1850 avait constaté, avec une pénible surprise, la fermeture d'un grand nombre de puits.

En 1845, la Compagnie avait. . . . 49 puits ouverts ;

En 1850, elle n'en avait plus que. . 25.

VINGT-QUATRE puits avaient été fermés !

En 1845, la Compagnie extrayait . . . 6,009,990 quint. métriques.

En 1850, elle n'en tirait plus que. . . 5,223,838.

Déjà se révélait dans l'exécution cette pensée souvent reprochée à la Compagnie de restreindre volontairement son exploitation pour arriver, peu à peu, ou brusquement, dans le cas d'une heureuse rencontre, au renchérissement excessif de la houille.

Il est vrai qu'en fermant ses puits, en laissant le vaste champ de la Beraudière, ainsi que plusieurs autres, à peu près inexploités, la Compagnie s'épuisait en promesses ; elle affirmait que c'étaient là des mesures d'ordre et de bonne exploitation ; que si elle conservait moins de puits, elle exploiterait davantage et à meilleur marché, heureux résultat dont le pays ne pouvait manquer de profiter.

L'Administration, Messieurs, ne prenait point le change à ce sujet, car les puits étaient fermés malgré ses refus d'autorisation. Nous verrons bientôt combien étaient sages les prévisions de l'Autorité.

En ce qui touche le renchérissement de la houille, le Conseil municipal de 1850 constatait cette étrange anomalie, d'une exploitation qu'on restreignait malgré les demandes incessantes du commerce, et d'une augmentation énorme dans le prix des charbons. Les pertes causées à l'industrie par ce renchérissement sont nettement exposées dans le Rapport de 1850 : en prenant les prix moyens payés dans la localité, il fut alors établi que de 1845 à 1850 la houille avait augmenté de 60 p. 0$|$0 au moins, pendant que la production diminuait d'une manière sensible. Cet état de choses était alarmant, il émut nos prédécesseurs. Malheureusement, Messieurs, les faits que nous sommes appelés à constater aujourd'hui sont peut-être plus graves encore. L'essor qu'a pris l'industrie depuis le 2 décembre 1851 a augmenté la consommation de la houille et créé une situation qui dévoile à la fois tous les dangers de la coalition houillère et tous les desseins des hommes qui la dirigent. Le moment paraît bon, en effet, pour la Compagnie, de réaliser cette augmentation exorbitante de prix, qu'elle traitait de chimère en 1845, et de recueillir avant le temps le fruit de toutes les mesures accumulées par elle dans ce but.

La Compagnie, il faut le reconnaître, a montré une persévérance et un esprit de suite qu'on aimerait à voir se manifester s'ils n'étaient pas dirigés contre les intérêts d'un pays tout entier, menacés par une savante et inextricable tactique. La pensée fondamentale de la Coalition qui, d'ailleurs, a été avouée dans ses écrits, était celle-ci : Réunir dans les mêmes mains un nombre de concessions suffisant pour que, progressivement, ou à un moment donné, elle puisse être à peu près maîtresse absolue du marché.

Dans ce but, la Compagnie a absorbé autant de concessions qu'elle a pu, et ce n'est point sa faute si aujourd'hui elle ne possède pas entièrement les deux bassins de Saint-Etienne et de Rive-de-Gier. Il n'est certainement pas de concessions exploitables auprès desquelles elle n'ait fait des tentatives d'absorption. A Firminy, dont elle n'avait pas, à coup sûr, besoin pour le bon aménagement du bassin de Saint-Etienne, elle achète un nombre considérable d'actions. Partout où la concurrence montre quelque vie, elle cherche à l'étouffer.

Si, comme elle le prétend, c'est dans l'intérêt du consommateur qu'elle étend ses domaines, on va voir sans doute une nouvelle impulsion donnée aux concessions acquises ; c'est le contraire qui arrive invariablement : aussitôt qu'une concession est réunie, les fourneaux des machines s'éteignent, l'extraction diminue, le consommateur est plus mal servi, les voituriers ne trouvent plus à s'approvisionner, il faut souvent une journée pour charger un char ; malgré les demandes, les travaux sont plus ou moins délaissés ; peu à peu, comme à la Beraudière, les ouvriers sans travail sont obligés de s'éloigner et d'aller chercher ailleurs le pain qui leur manque.

D'un autre côté, presque toujours le prix de la houille augmente immédiatement. Pour ne citer qu'un exemple, entr'autres, le coke de la Tardiverie était vendu à 1 fr. 75 c. par M. de Béarn, successeur de M. de Maccarty. La Compagnie est entrée, il y a quelques mois, en possession de cette amodiation, et spontanément le prix du coke s'est élevé de 1 f. 75 à 2 f. 25 c. Ce qui donne une hausse de 50 c., signalant comme nous l'avons dit la prise de possession par la Compagnie.

De ce premier ordre de mesures résulte nécessairement une augmentation de travail et d'écoulement de produits chez les dissidents. On voit en effet ces derniers, malgré l'infériorité de leurs gîtes ou de leur position topographique, accroître notablement leur extraction.

| | | |
|---|---|---|
| En 1845, les dissidents ne tiraient que. | 2,102,561 | quintaux métriques. |
| 1846 ils tirent. | 2,689,173 | id. |
| 1847 id. | 3,974,472 | id. |
| 1848 id. | 3,330,457 | id. |
| 1849 id. | 3,650,019 | id. |
| 1850 id. | 4,116,979 | id. |
| 1851 id. | 4,248,762 | id. |
| 1852 id. | 5,024,006 | id. |

La Compagnie suit une progression inverse.

| | | |
|---|---|---|
| En 1845, elle avait tiré. | 6,009,990 | quintaux métriques. |
| 1846 elle tire. | 5,578,369 | id. |
| 1847 id. | 5,801,502 | id. |
| 1848 id. | 4,260,882 | id. |
| 1849 id. | 4,880,068 | id. |
| 1850 id. | 5,223,838 | id. |
| 1851 id. | 4,571,636 | id. |
| 1852 id. | 4,811,126 | id. |

Retenons bien que la Compagnie est à beaucoup près mieux pourvue pour la quantité et la puissance des couches, ainsi que pour les qualités de charbon, que ne le sont les concessions dissidentes; qu'en 1845, au moment où elle s'est emparée des 15 concessions du bassin houiller de Saint-Etienne, ces concessions produisaient 6,009,990 quintaux métriques, tandis que les dissidents n'en produisaient que 2,102,561; qu'enfin, en 1852, les dissidents sont arrivés à 5,024,006, tandis que la Compagnie est tombée à 4,811,126.

Ce fait seul suffirait pour démontrer que la Compagnie n'accaparait les mines que pour arriver graduellement à une rareté factice et à une augmentation de prix, ce qui constitue le caractère habituel de la Coalition prévue par l'art. 419 du Code pénal.

Ajoutons ici que la Compagnie compromet nos richesses minérales au plus haut degré ; que de son aveu elle abandonne les couches peu productives, ou coûteuses à extraire, pour suivre celles qui donnent un plus grand bénéfice. Sur ce point, du reste, l'administration pourra consulter MM. les ingénieurs qui, depuis 1845 jusqu'à ce jour, ont eu pour mission de surveiller l'exploitation.

A cette première manœuvre de la spéculation, devaient bientôt succéder d'autres mesures destinées à la compléter. Tant que les acheteurs pouvaient se servir d'intermédiaires intelligents, placés sur les lieux, ou ayant de nombreux rapports avec le bassin, ils pouvaient se rendre un compte exact des diverses conditions de leurs achats ; ils pouvaient se porter au besoin vers les dissidents, dont ils favorisaient les efforts ; ils faisaient surveiller les livraisons et vérifier l'origine des houilles livrées. Il a été déclaré, à ce sujet, à votre commission, que la Compagnie ayant fait des mélanges dans ses livraisons, ce fait, constaté immédiatement, avait donné lieu à une remise de prix proportionnelle. Aussi la Compagnie n'a pas souffert longtemps cette sujétion : elle n'a pas tardé à décréter la suppression des intermédiaires, qui étaient les régulateurs naturels du marché ; elle a résolu de les supprimer d'une manière complète, afin de rester maîtresse absolue de la place, sans contrôle et sans frein. En conséquence, elle a acheté le plus grand nombre et les plus importants des entrepôts de charbon de Perrache ; elle a fait la même tentative à Givors ; sur la résistance qu'elle a éprouvée, elle s'est résignée à traiter avec les marchands, en les liant à sa cause par d'importants marchés. Sur la haute Saône et sur la Loire, elle a ouvert des entrepôts où elle donnait le charbon à prix réduit, afin d'étouffer la concurrence, à peu près comme les Messageries coalisées ont parfois opéré sur les grandes routes, sauf à faire payer ensuite aux consommateurs les frais de la guerre soutenue en apparence à leur profit.

Pendant ce temps, le charbon était refusé dans le bassin houiller à la consommation locale, qui se rejetait sur les dissidents ; il y avait là bénéfice pour ces derniers ; on devra compter avec eux plus tard.

La Compagnie est allée loin dans ses sacrifices : elle a été conduite jusqu'à aliéner d'une manière absolue, à des spéculateurs en sous-ordre, la consommation de contrées entières. C'est ainsi qu'elle a traité avec MM. Pitrat et Revol, de manière à leur abandonner tout le marché du Midi, et avec M. Premier, de Roanne, en lui cédant toutes ses ventes pour le Nord ; si bien que sur la Loire et sur le Rhône méridional, il n'est plus possible d'avoir du charbon de la Compagnie qu'en achetant de MM. Pitrat et Revol ou de M. Premier. Toute demande directe est repoussée. Il n'y a plus, pour les consommateurs de ces deux zônes, un seul hectolitre achetable sur les lieux mêmes de la production, en vérifiant l'origine de la houille, ce qui est dans beaucoup de cas l'unique moyen de s'assurer de sa qualité.

Pour les autres centres de consommation, tels que Lyon, Mulhouse, etc., la Compagnie entend livrer elle-même, et elle a nettement refusé la vente aux représentants que les acheteurs avaient dans le bassin, afin de vérifier les livraisons. Les acheteurs se sont alors résignés à faire prendre livraison au comptant par des voituriers de la localité sur les plâtres de la Compagnie : le prix était un peu plus élevé à cause du coût des transports ; mais la Compagnie a brusquement coupé court à cet expédient en refusant de livrer, même au comptant, *à moins d'une augmentation de prix de 25 centimes par 100 kilos*, à tout acheteur du dehors qui chercherait ainsi à échapper à ses fourches caudines, et cette mesure est en pleine voie d'exécution. Les acheteurs ont dû forcément se porter vers les dissidents. Mais ici se produit un fait non moins grave que les précédents. La Compagnie, fertile en expédients, s'adresse à la Compagnie du chemin de fer de Saint-Etienne à Lyon et obtient, grâce à d'étroits rapports entre les deux administrations, que du jour au lendemain on refuse aux intermédiaires les trois quarts au moins des wagons qui jusque-là leur avaient été accordés. Cet ordre de choses n'a duré que peu de jours, par suite des vives réclamations qui se sont élevées ; mais il fait entrevoir clairement les obstacles que l'avenir réserverait aux dissidents si la Compagnie, comme elle l'a tenté si souvent, devenait directement ou indirectement maîtresse des voies de transport.

Quoi qu'il en soit, pour que la Compagnie puisse ainsi dicter ses lois aux acheteurs, les ranger par catégorie, faire arbitrairement la part de chacun, il est bien évident qu'il faut qu'elle se croie déjà sûre de sa puissance et qu'elle se figure n'avoir plus à compter qu'avec les exigences de son ambition.

Un autre fait caractéristique vient donner la mesure de cette dangereuse puissance. Au nombre des industries de notre localité, se trouve la fabrication du coke ; cette industrie, utile à divers titres aux usines du pays et du dehors, faisait une sorte de concurrence à la Compagnie, qui elle-même fabrique du coke. D'après les déclarations de divers industriels, il y aurait avantage à se pourvoir auprès des fabricants de coke, à cause de la supériorité des produits, de la sincérité des livraisons et de la concurrence dans la fixation des prix. La Compagnie, Messieurs, est aujourd'hui assez forte pour refuser de vendre de la houille aux fabricants de coke. Nous avons constaté, par les procès-verbaux réguliers qui ont été mis sous nos yeux, que la Compagnie a refusé sa houille aux industriels dont nous parlons, à moins qu'ils ne consentissent à payer 25 centimes de plus par 100 kilos que les autres consommateurs. Pour la seule maison Eyraud, Barbier et Voron, cette condition de prix laisserait une perte de 48,000 fr. par an environ.

Nous avons cité tous ces faits, non pas comme des griefs généraux s'étendant à toute notre contrée, mais comme un symptôme irréfragable du dangereux pouvoir de la Coalition.

Remarquons, en effet, combien un semblable exemple de l'omnipotence de la Compagnie est menaçant pour toutes nos industries ; à cette heure, les intermédiaires du commerce de la houille et une classe déterminée de consommateurs sont plus particulièrement victimes d'une augmentation de prix exceptionnelle, arbitraire, violente et ruineuse; mais bientôt les mêmes exigences pourront se manifester à l'égard des autres consommateurs. Quand on est maître de refuser la vente à telles ou telles industries, on est bien près d'imposer arbitrairement sa volonté à toutes.

Les faits accomplis jusqu'à ce jour, les plaintes des consommateurs en général, donnent à cette prévision un fâcheux degré de certitude ; le mal actuel est, au surplus, assez grand pour que nous ne nous arrêtions pas davantage aux appréhensions trop justifiées de maux plus grands encore.

En 1844, la houille, *menu sortant*, était payée dans notre bassin au prix moyen de 50 c. la benne de 130 à 150 kilos, soit de 35 à 40 c. les 100 kilos.

Aujourd'hui, il résulte de toutes les dépositions, de tous les renseignements recueillis par nous, ainsi que de l'aveu du délégué de la Compagnie, que le prix moyen des mêmes qualités qui forment la masse de la consommation locale, n'est pas au-dessous de 95 centimes. Nous avons quantité de factures aux prix de 1 fr. 10 c. et 1 fr. 20. La différence de prix entre ces deux époques est donc de 55 centimes au minimum. Il a été établi que la seule ville de Saint-Etienne, pour l'alimentation de ses foyers domestiques, ne consommait pas moins de 800,000 quintaux métriques, répartis entre 13,592 ménages (chiffre officiel du recensement de 1851); or, en appliquant la hausse de 55 centimes à ce chiffre de 800,000 quintaux métriques que nous prenons pour base, sans tenir compte de l'accroissement de population survenu depuis 1846, nous arrivons à un surcroît de prix total de 440,000 fr. par an !

Voilà, Messieurs, l'impôt que prélève la Compagnie sur la seule consommation ménagère de notre ville.

Si, de la consommation des foyers domestiques, nous passons aux usines et aux petites forges, nous n'avons pas à constater de moins tristes résultats; partout les plaintes sont unanimes: depuis 1850, les prix ont haussé à peu près dans la même proportion que de 1844 à 1850.

Pour rendre plus sensible l'influence exercée par l'accaparement des houilles sur la consommation industrielle, nous citerons un exemple parmi ceux qui nous ont été fournis en grand nombre. Un fabricant, propriétaire d'une usine d'importance moyenne, nous a soumis le tableau de la hausse qu'il a subie depuis 1850, avec les factures à l'appui, et nous avons pu nous convaincre que, pour les qualités principalement employées par lui, l'augmentation avait été de 37 c. par 100 kilos; à cette hausse de 37 c., il faut ajouter celle de 10 c. survenue dans les prix du transport par suite de la difficulté qu'on éprouve à obtenir livraison; total: 47 c., ce qui, sur une consommation mensuelle de 250,000 kilos, donne une perte de 1,175 fr. chaque mois, et, pour l'année, une perte totale de 14,100 fr. Le même fabricant déclare, en outre, comme tous les autres consommateurs entendus par votre Commission, que la qualité de la houille livrée s'abaisse à mesure que le prix augmente. Enfin, il ajoute que les fontes du pays, grâce à la rareté et à la cherté de la houille, ont leur prix de revient augmenté de 30 p. 0|0, ce qui rend plus que difficile, pour son industrie, la lutte avec les autres centres de production.

Cet exemple, choisi, comme nous l'avons dit, parmi les entreprises moyennes, peut donner une idée de l'oppression sous laquelle la Compagnie des mines de la Loire a placé la consommation industrielle de la localité. Le même fait se révèle pour tous les autres établissements dont nous avons pu apprécier les besoins et les sacrifices.

Nous n'entrerons pas à cet égard dans des détails qui seraient uniformes et pourraient paraître surabondants ; nous nous bornerons à mettre sous vos yeux le chiffre de la consommation industrielle de la localité, lequel vous permettra d'apprécier sous ce rapport les résultats généraux de la Coalition.

La production du bassin entier de Saint-Etienne a été, en 1851, de 8,820,398 quintaux métriques ; il s'en est exporté 4,997,249 quintaux métriques ; reste pour la consommation locale, 3,825,149 quintaux métriques. Si nous retranchons de ce chiffre les 800,000 quintaux métriques que nous avons attribués à la consommation des ménages, nous trouvons que les diverses industries locales ont consommé 3,025,149 quintaux métriques. La hausse depuis 1845 étant au moins de 55 c. par quintal métrique, c'est un impôt de 1,662,731 fr. prélevé annuellement sur ces industries.

Voilà l'un des résultats des combinaisons conduites jusqu'à ce jour par la Compagnie des mines de la Loire.

Nous nous hâtons d'expliquer ici que nous ne sommes point de ceux qui voudraient imposer aux compagnies exploitantes un maximum arbitraire fixé seulement par les vœux et les exigences de la consommation. La houille est un produit de première nécessité, dont l'exploitation est concédée dans l'intérêt public beaucoup plus que dans l'intérêt privé des exploitants ; on ne leur a point imposé de tarif, mais chacun n'a eu qu'une part déterminée du sol houiller, avec obligation d'exploiter cette part. La division a été faite par l'administration, sur l'avis de ses ingénieurs, de manière à créer une concurrence qui prévînt l'abus possible de la chose concédée. C'est donc la concurrence qui doit régler la valeur de la houille. Quand le combustible sera véritablement rare, quand les flancs généreux de notre territoire houiller seront épuisés, nous comprendrons que les détenteurs de cette denrée aient à profiter de l'élévation naturelle et normale des prix. Si donc les concessions absorbées par la

Compagnie des coalisés étaient exploitées ; si nous n'avions pas vu, malgré les demandes croissantes de l'industrie, les travaux se restreindre au lieu de s'étendre : si nous n'avions pas assisté à cet énervement de la production qui, dans chaque concession, a signalé la prise de possession par la Compagnie, nous verrions sans nous plaindre l'augmentation du prix, laissant à la science, si active dans ce siècle, le soin de trouver un nouvel agent qui, à moins de frais, pût communiquer le mouvement aux machines et la vie industrielle aux fabrications de métaux.

Nous avons parlé de l'industrie en général. Il est une classe de consommateurs dont nous n'avons rien dit, et qui mérite tout votre intérêt. Nous voulons parler des nombreux ouvriers fabricants qui existent dans notre ville et dans les faubourgs environnants. Les ouvriers canonniers et quincailliers ont vu augmenter sensiblement leur gêne depuis ces dernières années. Nous avons entendu leurs plaintes, confirmées par tous les renseignements que nous avons pu nous procurer. Le menu de forge, qui était autrefois la base de leur consommation, a été à peu près abandonné par suite de la cherté de ce produit ou de l'extrême difficulté de s'en procurer ; c'est le *menu sortant rafford* qui sert aujourd'hui d'aliment à la plus grande partie de nos petites forges à soufflet. La qualité livrée à la consommation locale est tout-à-fait inférieure ; les ouvriers canonniers attribuent à cette infériorité la plus grande partie des rebuts qui leur sont justement imposés à l'épreuve des armes.

Tandis que la qualité diminue, le prix augmente, comme vous le savez ; de 70 centimes il s'est élevé à 95 depuis 1850 seulement ; or, en 1850, les plaintes étaient déjà générales et aujourd'hui elles prennent une gravité nouvelle.

Vous savez, Messieurs, combien les bénéfices des petites forges de notre pays sont restreints ; vous savez combien il est difficile aux ouvriers quincailliers les plus laborieux, de faire ressortir de leurs travaux une journée de 1 fr. 50 ou 1 fr. 75 ; vous pouvez donc vous faire facilement une idée de la gêne imposée à ces modestes travailleurs par une hausse de 25 centimes par 100 kilos sur le prix de la houille qu'ils emploient, en sus de l'augmentation déjà subie en 1850.

D'après les renseignements donnés par les ouvriers quincaillers, l'augmentation du prix, indépendamment de l'abaissement de la qualité, produit depuis quelque temps une perte de 25 centimes au moins par jour et par forge.

Un chef d'atelier ayant vingt-quatre forges nous a déclaré que la perte était pour lui de 2,000 francs environ, ce qui confirme pleinement les faits allégués par les ouvriers entendus.

Pour eux aussi, il n'y a pas possibilité de se couvrir de cette dépense par l'élévation du prix des produits. La quincaillerie de Saint-Étienne lutte avec trop de peine contre les industrie similaires du nord de la France pour qu'elle puisse songer à élever ses prix, et de nombreuses commissions n'ont pu être prises, dans ces derniers temps, par suite de l'impossibilité où se sont trouvés nos fabricants quincaillers, en présence de la hausse progressive de la houille, de réduire leurs prix.

Nous avons éprouvé, à constater ces derniers faits, un regret d'autant plus vif, qu'ils se produisent au moment même où tous les efforts du pays et de l'administration locale tendent à relever notre quincaillerie, cette branche autrefois si importante de l'industrie stéphanoise.

L'armurerie de guerre est un peu plus favorisée ; la manufacture impériale d'armes, tenant compte du renchérissement excessif de la houille, a cru devoir élever ses devis de 75 centimes à 1 franc. La perte imposée par le renchérissement est donc amoindrie pour une classe d'ouvriers ; mais la charge retombe sur l'État. Les autres industries n'ont pas le même avantage et doivent porter directement, sans atténuation, tout le poids de la hausse.

Telle est, Messieurs, la situation actuelle. Vous la jugerez dans votre sagesse ; elle a été prévue par tous les esprits clairvoyants. Dès 1846, elle était, pour ainsi dire, prophétisée dans le rapport de M. Prunelle, ancien maire de Lyon, au Conseil municipal de cette ville.

« Une compagnie puissante, disait-il, s'est organisée pour monopo-
« liser à la fois l'extraction, la vente et le transport de toutes les
« houilles des bassins de Saint-Etienne, Rive-de-Gier et la Ricamarie.
« Le monopole le plus absolu de la houille est donc le but auquel tend
« la Compagnie....... La concurrence une fois écartée et le Monopole
« établi à grands frais, ce dernier naturellement reste le maitre de la
« fixation des prix, et d'autant plus facilement que l'augmentation qui
« résulterait des frais de transport écarte toute concurrence des houilles
« étrangères. Le Monopole abusera de sa position : il est hors d'exemple
« qu'il n'en soit pas toujours arrivé ainsi. Le maintien de la libre
« concurrence pouvait seul maintenir la production de niveau avec les
« besoins de la consommation, en assignant au producteur la rému-
« nération la plus équitable de son travail ainsi que du capital
« employé. Les concessions fractionnées maintenaient la houille à un
« prix modéré et l'eussent constamment maintenue...... La concession
« unique de la Compagnie charbonnière élèvera le prix de la houille
« aussi haut que pourront le supporter les propriétaires d'usines ; elle
« commencera par prélever une forte dîme sur les profits de l'industrie,
« elle finira par les absorber tout entiers. Des manufacturiers moins
« intelligents fabriqueront plus mal, à des prix plus élevés et à des
« bénéfices de plus en plus réduits. Telle sera, Messieurs, n'en doutez
« pas, l'histoire de la vie et de la mort de nos fabriques ; l'agonie et la
« mort arriveront plus vite qu'on ne pense. »

La Compagnie, du reste, semble prévoir elle-même ce renchérissement indéfini qui doit amener, suivant M. Prunelle, la ruine de nos industries. Dans une lettre écrite, le 25 août dernier, à M. le Maire de Saint-Etienne, l'un des administrateurs ne craint pas d'annoncer que les prix de vente dans le bassin de la Loire sont *inévitablement destinés à subir de nouvelles hausses dont il n'est donné à personne de fixer la limite.*

Cette limite pourtant n'est point si éloignée, Messieurs ; elle a été tracée par le décret du 23 octobre 1852, alors que le chef de l'Etat, interprétant la loi de 1810, a, par une sage décision, donné une sanction nouvelle aux principes de concurrence dont le génie profond de l'Empereur avait empreint la loi organique des mines. De ce jour-là l'espérance est née, pour le pays, de voir dissoudre une association qui, en accaparant les concessions, a supprimé cette même concurrence, unique remède aux maux que nos prédécesseurs et tous les corps constitués ont si souvent signalés. La concurrence une fois rétablie, le pays ne sera plus à la merci des détenteurs de houille, et il y aura de naturelles limites à la hausse du prix de cette précieuse matière.

Après le tableau rapide que nous venons de présenter, il nous reste à examiner les faits et les explications apportés par la Compagnie, dans ces derniers temps, en réponse aux plaintes soulevées contre elle.

Un mot d'abord sur l'esprit que la Compagnie prête à ceux qu'elle appelle ses adversaires. Elle s'efforce de les représenter comme des gens inquiets ou dangereux, cherchant à entretenir dans le pays une certaine agitation pour en profiter à l'occasion. Mieux que personne vous savez, Messieurs, à quoi vous en tenir sur cette accusation. Vous avez été saisis de la question par l'administration municipale, dont personne ne songe à contester le zèle et la prudence. L'autorité préfectorale elle-même a vu son attention éveillée par des plaintes vives et précises s'ajoutant à une sorte de notoriété publique qu'on peut nier au loin, mais qui est avérée pour nous, témoins oculaires et tributaires quotidiens des hausses de prix incessantes dues aux manœuvres de la Compagnie. Au fond de cela, il n'y a donc aucune passion, et personne ne prendra le change à cet égard. Il serait par trop affligeant de penser que l'autorité centrale, par suite de son éloignement des lieux où se passent les faits, ait pu être abusée au point d'ajouter foi à des accusations heureusement aussi absurdes que malveillantes, et qui constitueraient pour la Compagnie un moyen vraiment trop commode d'étouffer les plaintes que soulèvent les abus progressifs auxquels elle se livre.

Ceci expliqué, examinons les justifications offertes par la Compagnie.

Elle affirme : 1° qu'elle tire cette année plus de houille que l'an passé ; 2° que si elle n'en tire pas davantage, c'est qu'il lui a été impossible de se procurer plus d'ouvriers ; 3° qu'elle a vendu à Saint-Etienne, durant le premier semestre de 1853, 387,230 quintaux métriques de plus que dans le premier semestre 1852; 4° que son prix de vente à Saint-Etienne, pour le premier semestre de 1853, a été de moins de *un centime* supérieur à celui du premier semestre 1852; 5° que son prix de revient est devenu de *sept centimes* supérieur; 6° qu'elle a vendu 117,677 quintaux métriques de plus dans le deuxième trimestre 1853 à la consommation locale que dans le deuxième trimestre de 1852 ; 7° que le prix actuel est de *neuf centimes* supérieur, mais que le prix de revient ayant augmenté de sept centimes, la hausse utile pour la Compagnie n'est réellement que de deux centimes; 8° qu'elle pourrait vendre beaucoup plus cher au dehors; 9° que la houille augmente partout, et que cet enchérissement est dû soit à celui de la main-d'œuvre et des matières employées, soit au développement de l'industrie; 10° qu'il ne faut pas s'alarmer de cette hausse; 11° qu'elle restera inférieure à celle des autres produits; 12° que pour les ouvriers canonniers, l'augmentation n'équivaut qu'à dix centimes de perte par jour et à beaucoup moins pour les autres forgeurs.

Voilà, Messieurs, en résumé, mais fidèlement rapportés, les renseignements fournis par la Compagnie.

Il faut d'abord tenir pour constant, d'après les témoignages unanimes que nous avons entendus, d'après les factures qui sont dans nos mains; enfin, d'après le cri public, que depuis 1852 même, la houille a subi pour notre bassin une hausse qui, jusqu'à ce jour, est de 20 centimes au minimum.

Le délégué de la Compagnie, entendu par la Commission, a été obligé de reconnaître expressément cette augmentation de vingt centimes; l'aveu a été retenu par la Commission, bien qu'elle n'en eût pas besoin pour fixer son opinion.

En second lieu, la Compagnie équivoque, lorsqu'elle tire argument de l'augmentation de sa vente au comptant, d'après le premier semestre de 1853, pour donner à entendre qu'elle a développé ses livraisons à la consommation locale : c'est le contraire qui est vrai; la différence invoquée par elle est due à un fait singulier que nous avons déjà signalé. Lorsque la Compagnie, suivant le cours de ses combinaisons, a refusé de vendre sur la haute Saône ou sur le Rhône, à moins qu'on ne prît livraison à Lyon ou des mains de MM. Pitrat et Revol, les consommateurs ont pris le parti de s'adresser aux voituriers du pays et de se faire livrer ainsi au comptant sur les plâtres ; de là une augmentation de livraisons qui n'a point profité au pays, et dont à coup sûr la Compagnie ne saurait tirer avantage pour sa justification. Dans le premier semestre de 1853, la Compagnie, loin de livrer avec plus d'abondance, ou par préférence à la consommation locale, a suivi une marche opposée. Nous avons constaté et nous sommes en mesure d'établir que, durant ces six mois, la Compagnie a expédié une partie énorme de sa production dans ses entrepôts ; elle s'expédiait à elle-même, tout en livrant le moins possible aux consommateurs de la localité, afin de continuer ce mouvement de hausse qui, depuis 1844, pèse sur la consommation houillère.

c

Pour justifier ce qui précède, il nous suffira d'expliquer que la Compagnie des mines de la Loire, *qui produit moins que les dissidents*, quoiqu'elle détienne à elle seule les 5|6$^{mes}$ des moyens de production du bassin, a pourtant absorbé, sur les chemins de fer, 60 p. 0|0 des transports houillers depuis le 1$^{er}$ janvier jusqu'au 30 juin 1853, ce qui démontre que son mouvement principal a tendu à l'exportation, et que ses protestations d'intérêt en faveur de la consommation locale n'ont rien de sincère ; si elles étaient réellement fondées, on n'aurait pas vu des exportations considérables sans marché conclu, des livraisons faites par la Compagnie à ses propres magasins, et à côté de ce fait, une augmentation de quinze centimes en trois mois dans le bassin que l'on privait ainsi de ses ressources naturelles.

Il n'est pas vrai non plus que la hausse actuelle de la houille soit seulement le résultat de l'activité de l'industrie. Nous touchons là, Messieurs, à un côté de la question que nous avons hâte d'aborder. La Compagnie, en effet, pour parler familièrement, a la partie belle ; quand toutes les denrées augmentent de prix, quand l'industrie tributaire de la houille prend un grand développement, doit-on chercher ailleurs la cause du renchérissement ?

Nous n'hésitons pas à répondre par l'affirmative.

Le blé et le vin ont augmenté de prix parce qu'ils sont *rares et demandés*, et qu'il n'a été au pouvoir de personne de prévenir cette rareté ; mais les houilles, accaparées par la Compagnie, ne sont point rares ; elles abondent dans ses 32 concessions. A la vérité, elles ne sont point au jour sur les plâtres des mines ; mais à qui la faute ? Pourquoi notamment la concession de Méons est-elle restée près de deux ans sans extraction aucune, si bien que pour répondre aux demandes qui étaient faites de cokes de Méons, la Compagnie était obligée d'amener, dans ses fours de combustion, des houilles d'autres concessions, notamment de Montsalson ? Pourquoi la Chana n'a-t-elle pas un puits en exploitation ? Et enfin pourquoi, tandis que la production diminuait, les prix ont-ils augmenté? Ce dernier fait démontre suffisamment que si la production a diminué, ce n'était faute de demande.

Nous ne devons pas vous dissimuler, Messieurs, à cette occasion, que les appréhensions de l'industrie sont très-vives ; non-seulement les prix ont augmenté outre mesure, mais encore nous sommes menacés pour cet hiver d'une véritable disette, malgré l'abondance de la houille dans les entrailles de notre sol; nos usiniers seront peut-être obligés de suspendre ou du moins de ralentir considérablement leurs travaux. Loin de trouver dans cette rareté une excuse pour le renchérissement, on ne doit y voir évidemment qu'un motif de plus de blâme; car il n'est que trop certain que la disette est principalement l'œuvre des coalisés.

La Compagnie prétend qu'elle manque d'ouvriers : il est possible qu'en ce moment même les ouvriers manquent: mais qui donc les a forcés à s'éloigner, à quitter les exploitations où ils abondaient pour aller ailleurs demander un travail dont la Compagnie les privait? Celle-ci ose se faire une arme d'un état de choses qu'elle a créé, qui a été le but vers lequel elle a toujours tendu, et qu'il dépendait d'elle d'éviter, pour peu qu'elle se fût préoccupée de remplir ses devoirs vis-à-vis de l'Etat, de qui ses auteurs et elle-même tiennent les concessions. Il suffit de poser ainsi nettement la question pour faire disparaître l'excuse sophistique qu'on présente.

Pour expliquer la hausse de la houille, la Compagnie prétend en outre, que le prix de revient s'est accru de 7 centimes par 100 kilos. Comment cette augmentation est calculée, c'est ce que nous ne voulons pas discuter; il ne faudrait rien moins que vérifier l'entière comptabilité de la Compagnie et entrer dans des développements que ne justifierait pas le peu d'importance de l'assertion.

Qu'il nous soit seulement permis de faire remarquer que la Compagnie a toujours exalté le système de la coalition, au moyen des prétendues améliorations qu'il devait permettre, notamment en ce qui touche le prix de revient ; nous ne sommes donc pas peu surpris de voir la Compagnie prétendre, à la vérité pour une autre besoin de sa cause, qu'en quelques mois seulement son prix de revient se soit accru dans une proportion aussi notable.

Nous ne pouvons croire non plus que les prix payés par la localité soient inférieurs à ceux payés par les consommateurs du dehors, car nous avons des factures établissant que le même charbon vendu à Saint-Etienne 70 centimes, était vendu pour des marchés éloignés, à la même époque, 75 centimes *frais de camionnage compris,* lesquels sont de 15 à 20 centimes; d'autres factures établissent que le même charbon vendu à Saint-Etienne 70 centimes, se vendait également 70 centimes pour le dehors, *mais chargé dans le wagon.*

Du reste, pour démontrer d'une manière évidente le point en question, il suffit de prendre les assertions mêmes de la Compagnie et de les rapprocher des faits constatés.

D'après la Compagnie, l'augmention du prix moyen des houilles vendues par elle en 1853, n'atteindrait pas un centime par 100 kilos (art. 4 de ses allégations).

Or, de l'avis même de son délégué auprès de la Commission, de tous les renseignements recueillis par nous, il résulte que le renchérissement spécial pour la consommation locale a été de 20 centimes en moins de six mois. Il faut dès-lors, et nécessairement, que les ventes faites pour la consommation extérieure viennent atténuer cette augmention ; d'où il suit que les prix du dehors sont inférieurs à ceux de la localité.

La Commission a fait remarquer au délégué de la Compagnie cette circonstance décisive, et celui-ci a été obligé de reconnaître que la moyenne était, en effet, le résultat de la combinaison des importants marchés consentis pour le dehors (notamment le marché Pitrat et Revol, le marché Premier) avec les ventes au comptant. Il reste à expliquer ces marchés favorables, au moins en apparence, à l'industrie générale.

Une observation suffira à cet égard : Les marchés dont il s'agit ne sont, comme nous l'avons dit, qu'une mesure transitoire destinée à opérer la hausse par suite du monopole créé pour la vente en faveur de deux ou trois marchands et dans le but de supprimer, avec la liberté de ce commerce, tous autres intermédiaires. Les marchands favorisés se chargent d'opérer cette hausse, ainsi que le prouvent les réclamations unanimes, sur le Rhône et sur la Loire. Ces marchés ont une courte durée, et la Compagnie s'apprête déjà à recueillir le fruit de cette habile combinaison, qui part de la suppression des intermédiaires et du refus de vendre dans le bassin, pour se résoudre en augmentations énormes du prix des produits. Les bénéfices passagers recueillis par les instruments de cette tactique ne sont qu'une prime aisément abandonnée par la Compagnie en vue des bénéfices sans limites qu'elle espère recueillir plus tard.

Nous n'ignorons pas que quelques grandes industries ont aussi obtenu la houille par des marchés de faveur ; on est parvenu ainsi à faire taire des intérêts et à éviter des plaintes que l'on jugeait plus puissantes, plus redoutables que celles de la masse divisée et imprévoyante des consommateurs en général.

Avec ces marchés on obtient même le concours de certains industriels qui, plus préoccupés de leur intérêt privé que de l'intérêt général, peuvent aller jusqu'à appuyer, comme on l'a vu récemment, les démarches de la Compagnie pour obtenir auprès du Pouvoir une reconnaissance de sa légalité, ou bien quelque adjonction avantageuse, telle, par exemple, que celle de la Grand'Combe! Loin de voir dans ces marchés une circonstance favorable pour la Compagnie, nous ne saurions trop vous signaler, Messieurs, ce qu'il y a d'injuste et d'arbitraire dans ces faveurs pour certains industriels, alors même qu'elles ne seraient pas précaires et passagères. Pourquoi certaines personnes seraient-elles ainsi favorisées au détriment des autres? N'est-ce pas méconnaître foncièrement l'esprit dans lequel ont été faites les concessions? N'est-ce pas là surtout un témoignage irrécusable de la toute-puissance que donne à la Compagnie la coalition qui est son élément spécial d'existence? L'administration l'a si bien compris que, dans tous les nouveaux cahiers des charges imposés aux compagnies des chemins de fer, le principe de l'égalité des prix, qui était déjà dans la nature des choses, a été écrit d'une manière expresse.

Ceci nous conduit, Messieurs, à vous faire part de l'impression la plus fâcheuse que nous ayons reçue des investigations auxquelles nous nous sommes livrés. Nous venons d'établir que la Compagnie ne favorise point la consommation locale et que ses assertions à cet égard n'ont pour but que d'égarer l'opinion publique.

Mais il faut reconnaître qu'en supposant vraie cette faveur qui n'existe pas, nous ne devrions pas nourrir de moindres appréhensions.

Ce qui importe surtout au pays, c'est de ne pas se trouver à la merci de spéculateurs qui ont pris le bassin de la Loire pour objet de leurs combinaisons. Quel fond sérieux peut-on véritablement faire sur ces protestations d'intérêt d'une Compagnie quasi anonyme pour notre contrée? Serait-il donc raisonnable de fonder et d'entretenir des établissements industriels avec cette garantie purement morale de la bienveillance d'une société pour notre bassin. Assurément si quelque chose est élémentaire en industrie, c'est de s'appuyer sur des garanties plus sérieuses.

Ce qui nous frappe, au contraire, c'est, comme nous venons de le dire, l'omnipotence que donne à la Compagnie l'accaparement de nos plus précieuses mines, et dont elle se vante elle-même dans des documents officiels. Elle déclare, en effet, dans une lettre à M. le Sous-Préfet de Saint-Etienne, en date du 29 juillet dernier, qu'il n'eût dépendu que d'elle de faire hausser davantage le prix de la houille au comptant; elle affirme que ce surcroit de hausse aurait été inévitablement réalisé *si l'industrie houillère de la Loire n'avait pas été en partie dans les mains d'une association assez puissante pour* RÉGULARISER *le mouvement de cette industrie.*

Là, Messieurs, apparait le danger dans toute sa nudité; ce que le pays a le plus à redouter, c'est précisément ce pouvoir de fixer arbitrairement le prix de la houille. L'aveu échappé à la Compagnie est précieux : *Être assez puissante pour régulariser ou régler les prix,* c'est être maitresse de la hausse ou de la baisse. *Régulariser* veut dire aujourd'hui, selon ce que la Compagnie voudrait faire entendre, empêcher la hausse. Nous l'admettons un instant contre toute vérité; mais ce pourrait être demain, selon son bon plaisir, produire la hausse.

Que peut répondre à cet égard la Compagnie? Elle a répondu, Messieurs, en haut lieu, par une singulière prétention : suivant elle, quand son extraction diminue, quand elle refuse de livrer, on a la ressource de s'adresser aux dissidents. Elle se charge, quant à elle, de toujours combler le déficit qui pourrait avoir lieu. C'est ainsi qu'elle régularise l'extraction dans le bassin.

Personne assurément ne se laissera prendre à un pareil sophisme. Si la Compagnie possédait seulement un cinquième ou un quart du bassin houiller, si elle n'avait pas exclusivement ou à peu près les qualités les plus recherchées, on comprendrait qu'elle pût se laver les mains de la hausse, en démontrant qu'il est facultatif de s'approvisionner ailleurs que chez elle. Mais elle possède le plus grand nombre de mines, celles dont les qualités sont le plus recherchées. Lorsqu'elle refuse la vente on se rejette bien sur les dissidents. Les dissidents ont fait à cette occasion de grands efforts de production pour suffire à la consommation, puisqu'ils sont montés de 2,102,561 quintaux métriques à 5,024,006 ; mais leurs ressources limitées ne leur permettent pas de faire face aux besoins. Servis à merveille par la tactique de la Compagnie, ils suivent d'ailleurs cette dernière dans la hausse des prix ; grâce aux chômages des grandes concessions de la Compagnie, ils n'éprouvent qu'une concurrence insuffisante pour modérer la hausse. Ainsi se font dans le bassin la rareté des produits et le renchérissement. La Compagnie, pour remplir son rôle de modération, a-t-elle fait du moins des travaux préparatoires qui lui permettent, à un moment donné, de venir au secours de la consommation ? S'il en était ainsi, les protestations de la Compagnie auraient un côté spécieux ; mais, nous l'avons déjà dit, la Compagnie n'a jamais poussé ses prévisions au-delà de la fermeture des puits, du chômage des concessions, de la raréfaction de la houille et du renchérissement progressif des produits. En 1850, les prix avaient augmenté déjà de 60 p. 0|0 ; on se plaignait partout de la difficulté des approvisionnements ; la Compagnie n'a tenu aucun compte de ces symptômes, et elle a laissé à dessein le mal s'aggraver. Par cette abstention calculée, les prix se sont élevés d'année en année chez les dissidents en suivant toujours la marche de ceux de la Compagnie.

Quels efforts a faits la Compagnie pour arrêter cette hausse ? C'est elle qui, presque toujours, a donné l'exemple de l'augmention ; elle a manœuvré, en outre, pour rendre la progression incessante. Sur les 25 puits restés ouverts en 1850, alors que les corps constitués faisaient entendre de si énergiques réclamations, elle a fermé encore un certain nombre de puits, notamment à la Chana ; elle tentait en même temps l'acquisition des dissidents, sans doute afin de régulariser de mieux en mieux la vente et les prix. Elle prenait enfin toutes les mesures dont nous avons parlé plus haut pour entraver la liberté des achats.

Il faut donc que la Compagnie cesse de se targuer de son rôle de régulatrice. La disette qui nous menace pour le prochain hiver, et le prix excessif de la houille, voilà, au bout du compte, son œuvre véritable.

Ce qui reste de vrai dans ses allégations, c'est donc le pouvoir de faire à son gré la hausse ou la baisse.

C'est ce pouvoir que la coalition a donné à la Compagnie, et qui a déjà produit de si tristes résultats ; c'est ce pouvoir que tous les corps constitués du pays ont signalé comme menaçant pour la prospérité publique ; c'est ce pouvoir que le décret du 23 octobre 1852 a pour but d'enlever à la Compagnie ; c'est ce pouvoir enfin que vous devez signaler au Gouvernement paternel et attentif qui nous régit, afin que les lois et décrets sur la matière soient appliqués avec toute l'énergie nécessaire pour sauvegarder les intérêts généraux d'une contrée industrieuse.

Nous sommes arrivés, Messieurs, au terme de notre travail ; à vous de lui donner une sanction que le pays attend avec confiance et l'administration avec un vif intérêt. Le décret du 23 octobre nous a montré tout ce que nous devons attendre de la volonté éclairée et impartiale du Gouvernement. Vous serez à coup sûr entendus en réclamant l'application de ce même décret, qui rappelle les peines portées, soit par la loi de 1838 contre les titulaires qui n'exploitent pas les concessions, soit par les art. 414 et 419 du Code pénal contre tout détenteur de concessions agglomérées sans l'autorisation administrative.

Nous avons constatés que les abus signalés provenaient de la suppression de la concurrence : Vous demanderez, Messieurs, le rétablissement de cette même concurrence, sérieuse et efficace. Vous ne vous laisserez point surprendre par des promesses spécieuses de privilége pour la localité ; ce privilége ne serait pas seulement un leurre : ce serait encore pendant son existence passagère un nouvel oubli de l'esprit d'équité et d'égalité qui est la base du commerce et de l'industrie de notre temps. La consommation extérieure aurait le droit de s'en plaindre. Vous demanderez au Pouvoir bienveillant qui nous gouverne l'exécution des lois et des règlements administratifs qui ont créé une vie distincte pour chaque concession et qui ont donné dès-lors, à toute réunion de concessions non autorisée, le caractère d'une coalition.

## DÉLIBÉRATION DU CONSEIL.

Le Conseil municipal,

Ouï le Rapport qui précède :

Considérant que la hausse des prix de la houille dans la localité a été constante et sans aucune alternative de baisse depuis 1845, époque de la réunion des concessions entre les mains de la Compagnie des mines de la Loire, ce qui indique déjà qu'elle est le résultat de la suppression de la concurrence et non d'un développement industriel qui, dans l'intervalle précité, a eu de longs temps d'arrêt ou de chômage ;

Qu'il est avéré que, pour la généralité des consommateurs, cette hausse de prix avait atteint, au mois de septembre dernier, les énormes proportions signalées dans le Rapport de la Commission, et que s'il est vrai, comme l'affirme la Compagnie, que ses comptes établissent une moyenne de prix de vente inférieure à celle constatée audit Rapport, cela ne saurait être expliqué que par des ventes à prix considérablement réduits, effectuées soit au dehors, soit à de grands établissements de la contrée favorisée par des marchés exceptionnels, tout-à-fait en dehors des conditions communes, et qui, rendant impossible toute concurrence à l'égard de ces établissements, constitueraient de nouveaux griefs contre la Compagnie ;

Qu'il est notoire que les prix ruineux déjà établis pour la consommation locale au mois de septembre dernier, ont reçu un nouvel accroissement depuis la rédaction du Rapport de la Commission et qu'ils ont été élevés, à partir du 1<sup>er</sup> octobre courant, de 15 centimes par quintal métrique;

Considérant que la hausse exorbitante résultant de la comparaison des prix actuels avec ceux de 1845 et des années antérieures, est encore fortement aggravée, et dans beaucoup de cas, presque doublée par l'altération des qualités livrées ; que les plaintes à ce sujet sont universelles, et que la proportion de terre et de pierres mêlée au charbon de la Compagnie s'accroît progressivement ;

Considérant qu'un tel état de choses compromet de la manière la plus grave l'avenir industriel de l'arrondissement de Saint-Etienne ; que sa continuation aurait pour conséquence inévitable, non seulement d'obliger à renoncer aux développements progressifs que les conditions naturelles du pays semblaient devoir assurer aux industries métallurgiques, mais encore d'amener, dans peu de temps, la ruine et l'abandon d'une multitude d'établissements déjà formés; qu'il ne s'agit déjà plus ici d'un danger éloigné, mais d'un péril imminent, attendu qu'il est notoire à Saint-Etienne qu'un grand nombre de chefs d'usines ont hautement déclaré qu'il ne leur était plus possible, en présence des conditions que leur fait la Compagnie, de continuer leurs entreprises et qu'ils allaient se voir incessamment contraints de fermer leurs ateliers;

Considérant que les difficultés d'un approvisionnement de houille suffisant sont devenues telles, qu'en ce moment même beaucoup de forges et d'usines, de grands et de moyens établissements, sont obligés de suspendre ou de ralentir plus ou moins leurs travaux ; que cette pénurie s'accroît tous les jours et menace de devenir bientôt, avec les impérieux besoins de l'hiver qui va s'ouvrir, une véritable disette de houille, disette que les combinaisons de la spéculation auront ainsi réussi à produire dans la partie de la France qui est la mieux pourvue de ce combustible ;

Considérant que cette situation pleine de périls est incontestablement l'œuvre de la Compagnie des mines de la Loire ;

Qu'en conformité du système constamment préconisé par ses propres organes, la Compagnie s'est efforcée de concentrer autant que possible ses exploitations sur les mines les plus productives ou les mieux situées, abandonnant plus ou moins complètement toutes les autres; que de là sont résultés la fermeture d'un grand nombre de puits non remplacés, et le délaissement temporaire ou définitif de concessions entières;

Qu'en portant ainsi les mines exploitées à leur *maximum de production possible*, la Compagnie s'interdisait la faculté d'étendre cette production dans les moments où les besoins de la consommation viendraient à l'exiger, et cela d'autant plus sûrement que, pendant la durée de leur abandon, les mines délaissées s'emplissent d'eau, en même temps que leurs boisages, leurs galeries, etc., se détériorent rapidement, en sorte qu'elles ne peuvent plus être remises en état d'exploitation lorsque les besoins le réclament, qu'au moyen de très longs travaux; que c'est précisément à l'application de ce système que l'on doit imputer, en grande partie, la pénurie actuelle et les difficultés qu'éprouve la Compagnie pour subvenir aux demandes des consommateurs, difficultés qui paraissent devoir se prolonger et s'aggraver encore à un degré des plus alarmants, par suite de la situation des mines du bassin de Rive-de-Gier, dont l'aménagement a été conduit par la Compagnie avec une imprudence, une imprévoyance telles, que les deux tiers d'entre elles sont aujourd'hui complètement inondées;

Qu'à ces causes de rareté, résultant de l'application d'un système d'exploitation entièrement contraire à toutes les obligations des concessionnaires de mines, il faut joindre la réduction calculée de la production dans l'ensemble des mines accaparées par la Compagnie, réduction qui, de 1847 à 1852, n'a pas été de moins de deux millions de quintaux métriques, alors que les dissidents, avec des moyens de production incomparablement moins puissants que ceux de la coalition, ont pu tripler, de 1845 à 1852, la quantité de leurs extractions, ce qui démontre jusqu'à l'évidence que la production totale du bassin aurait pu très facilement se proportionner à l'étendue des demandes, et que la pénurie du moment est l'œuvre volontaire et systématiquement poursuivie de la Compagnie;

Considérant enfin, que la suppression du libre commerce de la houille dans la contrée, le refus de vendre au comptant aux prix établis, et l'imposition arbitraire de conditions différentes aux diverses classes de consommateurs, sont des abus de la plus haute gravité; qu'en substituant ses agents directs aux marchands de houille, la Compagnie a complètement dénaturé la mission confiée aux concessionnaires, mission qui consiste à extraire le combustible et non à en monopoliser le commerce; qu'il est résulté de là que les consommateurs industriels n'ont plus eu aucun moyen d'obtenir les qualités de houille qu'ils réclamaient et qu'ils sont obligés de faire leurs approvisionnements, non comme l'exigeraient leurs besoins spéciaux, mais comme il convient à la Compagnie; que de pareilles conditions sont absolument inconciliables avec la liberté de l'industrie et des transactions garanties par les lois générales du pays;

Par tous ces motifs et ceux plus amplement développés dans le Rapport de la commission qui est adopté,

Le Conseil municipal, A L'UNANIMITÉ, exprime les vœux et avis suivants :

1° Qu'il soit pris immédiatement et d'urgence par l'Autorité supérieure, des mesures efficaces pour protéger le commerce local de la houille contre l'interdiction dont la Compagnie des mines de la Loire prétend le frapper; pour que cette Compagnie se renferme strictement dans la mission confiée aux concessionnaires qu'elle représente; pour qu'elle ne puisse plus refuser la vente au comptant au prix courant; pour mettre un terme aux altérations de la houille livrée; enfin, et surtout, pour qu'une exploitation suffisamment active soit reprise le plus promptement possible dans toutes les mines délaissées, de manière à faire cesser la rareté actuelle et à prévenir la disette de houille dont la contrée est sérieusement menacée pour l'hiver prochain ;

2° Qu'il y a lieu, pour l'Autorité supérieure chargée de l'exécution des lois et de l'administration de la justice, d'examiner attentivement si, par les abus intolérables qui viennent d'être signalés, et auxquels la Compagnie des mines de la Loire s'est livrée, cette Compagnie ne s'est pas placée dans le cas de l'application des lois répressives rappelées par le décret du 23 octobre 1852 ;

3° Que si l'on veut préserver les industries métallurgiques de l'arrondissement de Saint-Etienne d'une ruine imminente et leur conserver les chances de développement que leur offraient les avantages naturels du pays, il y a urgente nécessité de rétablir dans l'exploitation des houilles du bassin de la Loire, une concurrence sérieuse et efficace, supprimée par la Compagnie des mines de la Loire.

Pour copies conformes :

*Le Maire de Saint-Etienne.*

**QUANTIN.**

Saint-Etienne, imprimerie administrative et commerciale de Théolier Aîné.

www.ingramcontent.com/pod-product-compliance
Lightning Source LLC
LaVergne TN
LVHW022146080426
835511LV00008B/1294